Bibliografische Information der Deutschen Nationalbibliothek:

Die Deutsche Bibliothek verzeichnet diese Publikation in der Deutschen National-
bibliografie; detaillierte bibliografische Daten sind im Internet über http://dnb.d-
nb.de/ abrufbar.

Impressum:

Copyright © 2009 GRIN Verlag, Open Publishing GmbH
Druck und Bindung: Books on Demand GmbH, Norderstedt Germany
ISBN: 9783640448449

Dieses Buch bei GRIN:

http://www.grin.com/de/e-book/137017/der-tugendbegriff-in-machiavellis-principe

Andre Budke

Der Tugendbegriff in Machiavellis Principe

GRIN Verlag

Der Tugendbegriff in Machiavellis Principe

Von Andre Budke

Inhaltsverzeichnis

Tabellenverzeichnis

Einleitung

Wenn im Zusammenhang mit Machiavellis Principe von Tugenden die Rede ist, so vermag dies im ersten Moment befremdlich erscheinen, da Machiavelli doch lange Zeit als der klassische Lehrer aller ruchlosen Machtpolitiker galt, die allein nach dem eigenen Machtkalkül und der Staatsräson handelten und deren Tugendhaftigkeit doch zumindest bezweifelt werden konnte.

Nichtsdestotrotz enthält der Principe eine klare moralische Komponente, die nicht mit dem Vortäuschen von erwünschten Tugenden, um die Untertanen zu täuschen, endet. Machiavelli weiß sehr wohl um gesellschaftlich erwünschte und unerwünschte Eigenschaften eines Privatmenschen und stellt die Sinnhaftigkeit dieser Eigenschaften in ihrem privaten Zusammenhang auch nicht in Abrede.

Allein, er beschäftigt sich im Principe mit der Welt der Politik und der Macht. Und hier gelten seiner Ansicht nach andere Spielregeln als im Privatleben. Deshalb können Tugenden, die einem Menschen privat auszeichnen, in diesem Machtkontext schädlich sein, weshalb Machiavelli sie als unerwünscht betrachtet. In dieser kurzen Arbeit soll dargestellt werden, was den Tugendbegriff Machiavellis ausmacht und welche Auswirkungen dies auf eine im eigentlichen Sinne „machiavellistische" Politik hat. Als Quelle dienen vor allem die Kapitel 15 bis 19 des Principe, in denen Machiavelli sich ausführlich mit nützlichen und schädlichen Eigenschaften eines Herrschers auseinander setzt.

Letztendlich soll so ein Katalog von erwünschten Eigenschaften entstehen, die nach Machiavellis Ansicht ein uomo virtuoso besitzen sollte. Gleichzeitig soll dokumentiert werden, dass Machiavelli, wenn er im Principe von virtù und Tugenden spricht, eine eigene Definition von Tugend mit einem eigenen Bezugssystem anwendet, welches nicht deckungsgleich mit dem gemeinhin verwendeten moralischen Bezugssystem ist, so dass sich seine beschriebenen Regeln des politischen Machtspiels letztlich nur schwer mit dem herkömmlichen moralischen Tugendbegriff beurteilen lassen können.

Zum Begriff der Tugend und seiner Auslegung

Der überkommene Tugendbegriff orientiert sich stark am Moralbegriff und ist daher im Abendland vor allem christlich geprägt. Die christliche Theologie kennt hier unter anderem die Tugenden von Glaube, Hoffnung und Liebe. Die Ethik unterscheidet zwischen Verstandes- und Willenstugenden und benennt insbesondere mit Gerechtigkeit, Tapferkeit, Mäßigung und Klugheit vier Kardinaltugenden. Insgesamt betrachtet stellen Tugenden die „durch Übung gewonnene Fähigkeit, beharrlich das [sittlich] Gute zu tun",[1] dar.

Die Tugend ist hier ein Wert für sich, der a priori gegeben ist und nach dem das Leben auszurichten ist.

Machiavelli hingegen betrachtet Tugend oder virtù im Zusammenhang mit der Politik als Herrschaftstugend, weshalb er einen ganz anderen Maßstab an seinen Tugendbegriff anlegen kann. Für ihn ist – verkürzt gesagt – alles tugendhaft, was den Bestand des Staates fördert und Gefahren für ihn abwendet. Damit wird offensichtlich, dass der traditionelle moralische Tugendbegriff und Machiavellis staatsbezogener Tugendbegriff in eine Konkurrenz treten müssen, die offensichtlich wird, sobald zum Erhalt des Staates, seiner Ordnung (und möglicherweise auch der überkommenen Herrschaftsstrukturen) moralisch fragwürdige Entscheidungen getroffen werden müssen aus der Notwendigkeit der Situation heraus.

Die Tugend ist hier kein Wert für sich. Sie wird erst a posteriori ermittelt, wenn das Handeln an den zur Verfügung stehenden Handlungsalternativen und an Nützlichkeitserwägungen gemessen wird, die auf das Ziel, den Staat und seine Ordnung zu erhalten, ausgerichtet sind. Die Tugend einer Handlung lässt sich also hier ein Stück weit am Enderfolg ablesen.

Machiavelli greift hier unübersehbar antike römische Traditionen auf. Schon der römische Begriff der virtus, an den er seinen Tugendbegriff der virtù anlehnt, betont vor allem Kraft, Tapferkeit und Tüchtigkeit.[2] Dieser Tugendbegriff sagt Machiavelli mehr zu als der traditionelle christliche Tugendbegriff, da der römische Tugendbegriff die Menschen seiner Ansicht zu handelnden, ihr Leben aktiv gestaltenden Personen erzieht, wohingegen die christliche Tugend in seinen Augen zu kontemplativ sei, ihr Glück überwiegend im Jenseits suche und die Menschen damit passiv mache.

---

1 Grosses Universal Lexikon, Berlin 1975, Spalte 1577.
2 Vgl.: Konrad Fuchs/Heribert Raab: Wörterbuch Geschichte, 12. Aufl. München 2001, S.839.

Machiavellis Pathos des Wirklichen

Machiavelli verfolgt im Principe nach eigenem Bekunden einen klaren Ansatz: Er will die Dinge so beschreiben wie sie sind, und nicht Idealsituationen und Utopien schildern oder einen klassischen Fürstenspiegel erstellen, um eine realitätsferne Idealvorstellung von der Herrschaft zu vermitteln. Vielmehr geht es ihm darum, etwas Nützliches zu schreiben, quasi ein Brevier für einen Herrscher, dass in der Realität Anwendung finden könnte. Den traditionellen Fürstenspiegeln, die einem Herrscher mitteilen, wie er moralisch einwandfrei herrschen sollte, erteilt Machiavelli eine klare Absage. „[Es] liegt eine so große Entfernung zwischen dem Leben, wie es ist, und dem Leben, wie es sein sollte, [dass] derjenige, welcher das, was geschieht, unbeachtet [lässt] zugunsten dessen, was geschehen sollte, dadurch eher seinen Untergang als seine Erhaltung betreibt".[3] Ein Mensch müsse sich vor allem an seine Umgebung anpassen. Da die Mehrheit der Menschen nicht gut sei, könne ein Einzelner sich nicht vorbehaltlos zum Guten bekennen, ohne in sein Verderben zu rennen.[4]

Aus diesem Grund müsse auch ein Fürst, so sehr er auch in seinem Privatleben ein guter Mensch sei, „die Fähigkeit erlernen, nicht gut zu sein, und diese anwenden und nicht anwenden, je nach dem Gebot der Notwendigkeit."[5] Dies bedeutet, dass für einen Herrscher andere moralische Ansprüche angelegt werden müssen. Dieser dürfe seine Handlungsalternativen nicht durch selbst auferlegte moralische Fesseln begrenzen, sondern er müsse sich die Möglichkeit offen lassen, je nach Notwendigkeit der Situation angemessen zu handeln.

Festzuhalten bleibt, dass Machiavelli für sich den Anspruch erhebt, in seinen Analysen und Ratschlägen von der Wirklichkeit auszugehen.

---

3   Philipp Rippel (Hg.): Niccolò Machiavelli. Der Fürst, Stuttgart 2003, S.119.
4   Vgl.: ebd., S.119.
5   Ebd., S.119.

Allgemeine Grundsätze, welche Laster und Tugenden zu meiden sind

Machiavelli setzt grundsätzlich voraus, dass die Bevölkerung eines Landes ihrem Fürsten bestimmte Eigenschaften zuschreibt. Diese zugeschriebenen Eigenschaften sind in der Regel mit einer Wertung verbunden, so dass hier von Tugenden und Lastern gesprochen wird. Machiavelli nennt einen beispielhaften Katalog von Eigenschaften, die in Tabelle 1 wiedergegeben werden.

Zudem weist Machiavelli auf den Umstand hin, dass eine zugeschriebene Eigenschaft nicht zwangsläufig einer realen Eigenschaft des Fürsten entsprechen muss, für die Wirkung dieser Eigenschaft auf den Ruf des Fürsten ist ihre Zuschreibung entscheidend. Im Umkehrschluss ist eine Eigenschaft, die ein Fürst zwar hat, aber durch die Bevölkerung nicht wahrgenommen wird, politisch nicht existent.

Von der Bevölkerung positiv und negativ bewertete Eigenschaften eines Fürsten bei Machiavelli	
Positiv	Negativ
Freigiebig	Knausrig/habgierig
Milde	Grausam
Treu	Wortbrüchig
Mutig	Feige
Menschenfreundlich	Hochmütig
Enthaltsam/bescheiden	ausschweifend
Aufrichtig	Hinterlistig
Besonnen	Leichtsinnig
Nachgiebig	Schroff
Fromm	ungläubig

Tabelle 1: Von der Bevölkerung positiv und negativ bewertete Eigenschaften eines Fürsten bei Machiavelli

Für einen Fürsten ergeben sich aus den Tugenden und Lastern, die ihm zugeschrieben werden, besondere Probleme. Nicht nur steht und fällt sein Ansehen im Volk je nach den ihm zugeschriebenen Eigenschaften; zugleich hat jede Eigenschaft neben dieser moralischen Komponente noch eine praktische Seite. Denn jede Eigenschaft, die ein Fürst wirklich inne hat, beeinflusst sein politisches Denken und Handeln und damit zwangsläufig auch seinen Erfolg.

Problematisch für einen Herrscher ist zudem, dass moralische und politische Tugenden nicht deckungsgleich sind. Was moralisch gut erscheint, muss deshalb nach Machiavelli nicht zugleich politisch sinnvoll und erfolgversprechend sein. So verhält es sich nach Machiavellis Ansicht zum Beispiel mit der Grausamkeit, die im Privatleben zu verurteilen ist, aber für ihn dennoch zu den politischen Tugenden gehören kann, wenn es die Notwendigkeit erfordert.

Ein Herrscher muss demnach in einen Auswahlprozess treten, um eine Abwägung vorzunehmen zwischen einigen konkurrierenden moralischen und politischen Tugenden. Hier müsse er darauf achten, dass „er den schlechten Ruf derjenigen Laster zu vermeiden weiß, die ihn die Herrschaft kosten würden, und [dass] er sich auch vor solchen Lastern, die ihn nicht um die Herrschaft bringen würden, zu hüten versteht, wenn es ihm möglich ist; vermag er dies jedoch nicht, so kann er sich ihnen mit geringeren Bedenken überlassen."[6] Wir sehen hier also, dass Machiavelli auch hier nach Nützlichkeitserwägungen vorgeht und empfiehlt, für die Herrschaftssicherung gefährliche Laster zu vermeiden.

Zwei Kategorien von Lastern bei Machiavelli	
Weitgehend herrschaftsneutrale Laster	Herrschaftsgefährdende Laster
Verschlechtern den Ruf eines Fürsten, haben aber keinen destabilisierenden Einfluss	Verschlechtern den Ruf eines Fürsten und destabilisieren seine Herrschaft
Vermeidung empfohlen, aber nicht zwingend notwendig	Vermeidung zwingend notwendig, um die Herrschaft nicht zu gefährden

Tabelle 2: Zwei Kategorien von Lastern bei Machiavelli

Gleichzeitig gibt es Laster, deren Ruf für einen Fürsten sogar positiv sind, da sie seine Herrschaft festigen können, der Ruf eines solchen Lasters dürfe einen Fürsten nicht weiter besorgen.[7] Zusammenfassend gesagt befindet sich ein Fürst, wenn er sich überlegt, welches Bild von sich er seinen Untertanen vermitteln will, daher in einer schwierigen Situation, da er genau untescheiden muss, welche Tugenden und Laster er sich zuschreiben lassen will, um in seiner spezifischen Herrschaftssituation ein Maximum an Sicherheit zu erreichen.

---

6 Ebd., S.121.
7 Vgl.: ebd., S.121.

Eigenschaften von Fürsten				
Reale Tugenden und Laster eines Fürsten	Ruf eines Fürsten			
Ohne Bedeutung, solange sie nicht nach außen transportiert werden	Bewertung von vermeintlichen Tugenden und Lastern			
	Politische Wirkung von Tugenden und Lastern			
	Positive Tugend	Negative Tugend	Positives Laster	Negatives Laster
	Sichert Herrschaft	Gefährdet Herrschaft	Sichert Herrschaft	Gefährdet Herrschaft
	Ruf fördern	Ruf vermeiden	Ruf fördern	Ruf vermeiden

Tabelle 3: Eigenschaften von Fürsten

Freigiebigkeit und Sparsamkeit

Mit Freigiebigkeit und Sparsamkeit beschreibt Machiavelli zwei Eigenschaften, bei denen auf den ersten Blick klar zu sein scheint, welche Tugend und welche Untugend oder Laster ist. Dies treffe für den Privatmenschen auch zu. Natürlich ist die Freigiebigkeit im privaten Umfeld eine gern gesehene und geschätzte menschliche Eigenschaft. Für einen Fürsten jedoch hat die Freigiebigkei zwar kurzfristig den gleichen Effekt auf seinen Ruf, destabilisiert mittelfristig jedoch seine Herrschaft, da seine Freigiebigkeit umlagefinanziert ist und damit letztendlich die Bürger belastet werden. Sparsamkeit oder Geiz hingegen sind für einen Fürsten hingegen mit einem schlechten Ruf verbunden, seine Sparsamkeit sorgt auf der anderen Seite jedoch für einen ausgeglichenen Haushalt und hält die Belastung der Bürger damit relativ gering, was die gesamte Akzeptanz der Art der Herrschaftsausübung des Fürsten steigert.

Allgemeine Betrachtung von Freigiebigkeit und Geiz		
	Freigiebigkeit	Geiz
Folgen für Ruf	Positiv	Negativ
Folgen für Herrschaft	Negativ	Positiv

Tabelle 4: Allgemeine Betrachtung von Freigiebigkeit und Geiz

Hinsichtlich der Freigiebigkeit besteht zunächst einmal das grundsätzliche Problem, dass die Freigiebigkeit als Tugend geübt – also ohne einen großen Marketingaufwand allein nach der Devise, im Stillen Gutes zu tun – keine Auswirkungen auf den Ruf eines Fürsten hat. Dieser strebt aber in der Regel danach, sich durch seine Freigiebigkeit und die damit verbundenen Gefälligkeiten – in einer Demokratie würde man in diesem Zusammenhang von Wahlgeschenken sprechen – einen guten Ruf bei der Bevölkerung zu erkaufen. Über einen kurzfristigen Zeitraum betrachtet geht diese Rechnung auch durchaus auf. Die Bürger werden besser gestellt als bisher, sie wissen, dass sie dies dem Fürsten zu verdanken haben und schätzen ihn dementsprechend höher als zuvor.

Freigiebige Herrschaftsausübung (kurzfristige Betrachtung)
Fürst verteilt Gefälligkeiten und Geschenke unter den Bürgern, um für freigiebig zu gelten
Bürger werden besser gestellt als zuvor und ordnen diese Leistung dem Verdienst des Fürsten zu
Der Ruf des Fürsten bei der Bevölkerung hat sich verbessert

Tabelle 5: Freigiebige Herrschaftsausübung (kurzfristige Betrachtung)

Mittelfristig betrachtet stößt der Fürst mit dieser Praxis jedoch an Grenzen. Soweit er nicht bereit ist, die Kosten für seine großzügigen Geschenke an das Volk aus seinem Privatsäckel zu bezahlen oder sein Land über große und stetige Haushaltsüberschüsse verfügt, wie sie etwa durch den Export begehrter und damit teurer Rohstoffe entstehen, wird er für die Finanzierung seiner Ausgaben den Staatshaushalt belasten müssen. Diese Defizite im Staatshaushalt jedoch werden dazu führen, dass er sich, wenn er einen Staatsbankrott vermeiden will, wovon auszugehen ist, Wege überlegen muss, die Einnahmen des Staates zu erhöhen, um seine Freigiebigkeit weiterhin durch großzügige Geschenke beweisen zu können. Oder aber der Fürst könnte als dritte Alternativ seine freigiebigen Geschenke einstellen. Da er durch diese jedoch so beliebt geworden ist beim Volk, wird er nur ungern diesen Weg gehen. Zumal sich das Volk natürlich an diese Geschenke gewöhnt hat, so dass er befürchten müsste, in dessen Gunst wieder zu sinken. Der Fürst wird also in der Regel seine bisherigen Ausgaben als fix ansehen und versuchen, seine Einnahmen durch Steuererhöhungen zu vergrößern.

Freigiebige Herrschaftsausübung (mittelfristige Betrachtung)		
Freigiebige Ausgabenpolitik des Fürsten belastet den Haushalt		
Haushaltsdefizite entstehen		
Keine Änderung	Rücknahme der Geschenke	Erhöhung der Einnahmen
Staatsbankrott	Fürst muss fürchten, in der Gunst des Volkes zu sinken	Schaffung neuer Einnahmen durch Steuererhöhungen

Tabelle 6: Freigiebige Herrschaftsausübung (mittelfristige Betrachtung)

Diese Steuererhöhungen führen nun dazu, dass das Volk mehr belastet wird als zuvor. Es wird also schlechter gestellt und verarmt ein Stück weit. Dies führt nach Machiavellis Ansicht dazu, dass sich der Fürst den Hass des Volkes zuziehe. Er hat also letztendlich mit seiner Politik der Freigiebigkeit, die seinen Ruf beim Volk verbessern sollte, erreicht, dass ihn dieses hasst. Seine Herrschaft wird hierdurch destabilisiert.

Freigiebige Herrschaftsausübung (Gesamtbetrachtung)
Problem: Freigiebigkeit als Tugend geübt hat keinen Einfluss auf Ruf
Lösung: Öffentlichkeitswirksame Freigiebigkeit, Zurschaustellen von Pracht und Prunk
Folge: hohe Kosten, um den Eindruck der Freigiebigkeit zu generieren
Öffentlichkeitswirksame Freigiebigkeit muss durch eine Erhöhung der Abgabenlast finanziert werden
Volk verarmt und ist damit schlechter gestellt als vor Beginn der Maßnahmen des Fürsten
Fürst zieht sich den Hass des Volkes zu

Tabelle 7: Freigiebige Herrschaftsfausübung (Gesamtbetrachtung)

Hiervon unterscheidet Machiavelli die knausrige Herrschaftsausübung. Diese scheint zwar auf den ersten Blick nicht dafür geeignet, die Achtung der Bevölkerung zu gewinnen. Auf den zweiten Blick hingegen ist sie der freigiebigen Herrschaftsausübung weit überlegen.

Eine knausrige oder geizige Herrschaftsausübung versucht vor allem, möglichst sparsam mit den vorhandenen Mitteln umzugehen und mit diesen auszukommen. Im Idealfall schafft sich ein Fürst auf diesem Wege Haushaltsüberschüsse und Rücklagen, mit denen er im Fall von kurzfristigen Herausforderungen durch Katastrophen und Militäreinsätzen die notwendigen Mittel bereits vorhalten kann. Der Fürst behält sich also finanziellen Möglichkeiten vor, schnell auf aktuelle Entwicklungen reagieren zu können und hält seinen Staat durch die Schaffung von Rücklagen handlungsfähig. Die Belastung des Volkes wird möglichst konstant gehalten, so dass dieses den Eindruck gewinnt, mit diesem Fürsten die sichere Gewähr zu haben, zumindest nicht durch zusätzliche Steuern zu verarmen. Die sparsame Herrschaftsausübung führt zusammengefasst zwar nicht zu einer kurzfristigen Verbesserung des Rufes des Fürsten wie eine großzügige Politik, hat aber auf der anderen Seite mittel- und langfristig keine negativen Folgen.

Sparsame/geizige Herrschaftsausübung
Versuch, möglichst sparsam mit den vorhandenen Mitteln umzugehen
Ziel: Eigene Unternehmungen durchführen können, ohne jeweils zusätzliche Abgaben vom Volk zu erheben; Schaffung von Reserven für den Fall eines Angriffs
Die Belastung des Volkes nimmt nicht zu
Fürst ist freigiebig gegenüber allen, denen er nichts nimmt

Tabelle 8: Sparsame/geizige Herrschaftsausübung

Grausamkeit und Milde

Auch die Eigenschaften Grausamkeit und Milde haben verschiedene Auswirkungen auf Ruf und Herrschaft eines Fürsten. Natürlich ist es für den Ruf eines Fürsten besser, für milde als für grausam gehalten zu werden.[8] Demgegenüber ist eher strittig, welche Folgen Grausamkeit und Milde für die Stabilität einer Herrschaft haben. Dies hängt nach Machiavellis Ansicht von der genauen Situation ab.

Allgemeine Betrachtung von Grausamkeit und Milde		
	Grausamkeit	Milde
Folgen für Ruf	Negativ	Positiv
Folgen für Herrschaft	Ambivalent	Ambivalent

Tabelle 9: Allgemeine Betrachtung von Grausamkeit und Milde

Machiavelli stellt die These auf, dass eine mit Bedacht eingesetzte Grausamkeit durchaus förderlich für die Stabilität einer Herrschaft sein kann. Allerdings ist dies ein schmaler Grat zwischen von Machiavelli als positiv beurteilter Furcht und eine Herrschaft destabilisierenden Hass seitens der Bevölkerung. Auf Furcht und Hass soll an späterer Stelle noch detaillierter eingegangen werden.

Grausame Herrschaftsausübung bei Cesare Borgia
Allgemein hartes, grausames Durchgreifen
Erfolg: Herstellung von Frieden in der Romagna

Tabelle 10: Grausame Herrschaftsausübung bei Cesare Borgia

Demgegenüber könne eine falsch verstandene Milde negative Folgen für die öffentliche Ordnung haben. Es besteht die Gefahr, „[Missstände] einreißen [zu] lassen, woraus Mord und Raub entstehen; [...] hierdurch wird gewöhnlich einem ganzen Gemeinwesen Gewalt angetan [...]"[9]. Machiavelli führt an, dass es doch sicher milder wäre, grausam gegen einzelne Personen zu handeln, als die öffentliche Ordnung in Gefahr geraten zu lassen.[10]

---

8   Vgl.: ebd., S 127.
9   Ebd., S. 129.
10 Vgl.: ebd., S. 129.

<table>
<tr><td colspan="1" align="center">Defizite einer milden Herrschaft</td></tr>
<tr><td>Streben, die Milde der Herrschaft stets zu zeigen führt zu einer unentschlossenen und zaghaften Politik</td></tr>
<tr><td>Gefahr, Probleme einreißen zu lassen</td></tr>
<tr><td>Durch falsch verstandene Milde ausgelöster Unfrieden birgt Gefahren für die Zivilbevölkerung</td></tr>
</table>

Tabelle 11: Defizite einer milden Herrschaft

Grundsätzlich zu beachten habe ein Fürst, dass es für jedes Verhalten ein rechtes Maß gebe. Er „[muss] sich besonnen verhalten, ehe er Glauben schenkt und zu handeln beginnt; aber er darf sich auch nicht vor eingebildeten Gefahren fürchten; sondern [muss] maßvoll handeln, gezügelt durch Klugheit und Menschenfreundlichkeit [...]"[11]. Hieraus folgt für einen Fürsten, dass er weder eine absolut milde noch eine absolut grausame Herrschaft führen sollte, sondern sich irgendwo auf einer Skala zwischen Grausamkeit und Milde bewegt, je nach den aus der Situation folgenden Notwendigkeiten.

Man kann bei Machiavelli eine doppelte Sicht auf Milde und Grausamkeit erkennen.

In subjektiver Sicht ist die Bewertung von Milde und Grausamkeit klar. Grausamkeit ist moralisch abzulehnen, Milde dagegen zu befürworten.

Objektiv betrachtet, also an der Nützlichkeit eines Verhaltens, erscheint eine Milde, die Probleme in einer Gesellschaft einreißen lässt, bis sich etwa zu Mord und Raub[12] führen, grausamer als eine vermeintliche Grausamkeit, die beim ersten Anzeichen Missstände mit harter Hand beseitigt, damit aber den sozialen Frieden wahrt. Vor allem wird diese grausame Haltung, und dies ist das erschreckende an Machiavellis Gedankenspiel, so nachvollziehbar sein Gedankengang auch ist, der Verantwortung des Herrschenden vor dem Wohlergehen der Bevölkerung mehr gerecht als eine Laissez-faire-Politik befürwortende Milde.

Auf der anderen Seite nennt Machiavelli eine Gelegenheit, bei der Grausamkeit gewiß nicht schaden könne. Stehe ein Feldherr mit einer großen Anzahl von Soldaten im Krieg, sei es vor allem die Furcht vor der Grausamkeit des Heerführers, welche die Disziplin des Heeres erhalte.[13] An dieser Stelle nennt Machiavelli Hannibal Barkas als herausragendes Beispiel. Dieser habe es geschafft, in seinem aus zahlreichen verschiedenen Völkern zusammen geführten Heer die Disziplin zu erhalten, da die Soldaten seine Grausamkeit fürchteten, „die ihn zusammen mit seinen zahllosen hervorragenden Eigenschaften in den Augen seiner Soldaten stets verehrungswürdig und

---

11 Ebd., S. 129.
12 Vgl.: ebd., S. 129.
13 Vgl.: ebd., S. 131ff.

schrecklich machte"[14].

Die notwendige Grausamkeit von Heerführern wie Hannibal
Grundlage: eine aus vielen verschiedenen Gruppen von Soldaten zusammen gewürfeltes Heer
Gefahr innerer Konflikte zwischen einzelnen Gruppen im Heer
Lösung bei Hannibal: Strikte Disziplin und grausame Strafen für alle Anzeichen des Ungehorsams

Tabelle 12: Die notwendige Grausamkeit von Heerführern wie Hannibal

Das Gegenbeispiel hierzu liefert Machiavelli mit dem römischen Feldherren Scipio. Dieser hatte unter seinen vielen herausragenden Eigenschaften unter anderem ein hohes Maß an Milde und Freundlichkeit inne. Durch diese habe er seinen Soldaten zuviel durchgehen lassen, wodurch die Disziplin seines Heeres gelitten habe, was sich vor allem in Spanien gezeigt habe.[15] In Spanien haben einige seiner Soldaten rebelliert, geplündert und gebrandschatzt, was durch ihn kaum geahndet worden sei. Hier zeigt sich, dass ein falscher Einsatz von Milde negative Folgen für Ordnung und Stabilität einer Herrschaft haben können. Wäre Scipio gegenüber seinen Soldaten grausamer gewesen, so wären nach Machiavellis These eine derartige Rebellion aus Furcht vor harten Strafen weniger wahrscheinlich gewesen.

---

14 Ebd., S. 133.
15 Ebd., S. 133.

Liebe und Furcht der Untertanen

Für das Bild, dass ein Fürst von sich in der Bevölkerung erwecken möchte, ist es von zentraler Bedeutung, ob es sinnvoller ist, vom Volk geliebt oder gefürchtet zu werden. Grundsätzlich sei beides erstrebenswert. Da es aber nur schwer möglich ist, vom Volk gleichzeitig geliebt und gefürchtet zu werden, müsse man sich für eine der Alternativen entscheiden.[16]

Machiavelli stellt fest, dass es sicherer sei, vom Volk gefürchtet als geliebt zu werden.[17] Diese Feststellung begründet Machiavelli mit seinem Menschenbild. Auf dieses soll an späterer Stelle noch detaillierter eingegangen werden. An dieser Stelle sei nur angeführt, dass Machiavelli davon ausgeht, dass die Menschen im allgemeinen undankbar seien[18]. Zudem hätten sie keine Scheu, „einen zu verletzen, der sich beliebt macht, als einen, den sie fürchten; denn die Liebe wird durch das Band der Dankbarkeit aufrechterhalten, das, weil die Menschen schlecht sind, von ihnen bei jeder Gelegenheit des eignen Vorteils wegen zerrissen wird; die Furcht aber wird durch die Angst vor Strafe aufrechterhalten, welche dich niemals [verlässt]."[19] Diese These bedeutet, dass nur der Druck der Furcht, also das Machtgefälle zwischen Fürst und der Bevölkerung, ein – wenn auch erzwungenes - Treueverhältnis möglich macht, wohingegen ein Fürst nicht auf die flüchtige Dankbarkeit des Volkes zählen kann. Diese These wäre ebenfalls interessant im Zusammenhang mit der Diskussion, wie ein Gesetzgeber seinen Gesetzen Achtung verschaffen kann: durch Einsicht oder Furcht vor Strafen.

Erwecken von Liebe oder Furcht durch einen Fürsten	
Liebe	Furcht
Liebe beruht auf Dankbarkeit	Furcht beruht auf der Androhung und möglichen Durchsetzung von Strafen
Menschen sind im allgemeinen undankbar	Menschen sind im allgemeinen furchtsam und um ihr persönliches Wohl besorgt
Sehen die Menschen einen persönlichen Vorteil, bedeuten ihnen frühere Wohltaten des Fürsten nichts	Sehen die Menschen einen persönlichen Vorteil, müssen sie diesen gegen die entstehenden Nachteile einer Bestrafung abwägen
Liebe ist kein Mittel, um sich der Treue des Volkes zu versichern	Furcht ist ein mögliches Mittel, um sich der Treue des Volkes zu versichern

Tabelle 13: Erwecken von Liebe oder Furcht durch einen Fürsten

---

16 Vgl.: ebd., S. 129.
17 Vgl.: ebd., S. 129.
18 Vgl.: ebd., S. 129.
19 Ebd., S. 131.

Verachtung und Hass der Untertanen

Wenn Machiavelli auch – wie oben bereits festgestellt wurde – für eine in Maßen grausame Herrschaft plädiert, warnt er doch eindringlich davor, bei der Bevölkerung Verachtung und Hass gegenüber einem Fürsten zu wecken.

Verachtung für einen Fürsten entsteht nach Machiavelli vor allem, wenn diesem Fürsten Charaktereigenschaften zugeschrieben werden, die vom Volk abgelehnt werden. Machiavelli nennt hier als Beispiele u.a. Wankelmut, Leichtsinn, Feigheit und Unentschlossenheit[20]. Daneben müsse der Fürst darauf achten, dass seine Beurteilung als unzweifelhaft angesehen würden.[21] Auf diese Weise erhalte ein Fürst sein Ansehen und sorge dafür, dass „niemand daran denkt, ihn zu betrügen oder zu hintergehen."[22] Nebenbei bemerkt macht es die Vereitelung von Verschwörungen gegen Fürsten ungemein einfacher, wenn dem Fürsten gewünschte Eigenschaften zugeschrieben werden. Die hiermit einhergehende Achtung vor dem Fürsten erhöhe für potentielle Verschwörer die Gefahr, entdeckt zu werden.[23]

Welche Eigenschaften eines Fürsten Verachtung seitens der Bevölkerung auslösen
Wankelmut
Leichtsinn
Feigheit
Unentschlossenheit
Führungsschwäche und Unfähigkeit, sich durchzusetzen.

Tabelle 14: Welche Eigenschaften eines Fürsten Verachtung seitens der Bevölkerung auslösen

Hass entsteht nach Machiavellis Ansicht vor allem, wenn der Fürst Eigentum und Frauen seiner Untertanen nicht respektiere[24] oder anscheinend willkürlich Hinrichtungen durchführe.

Der Schutz des Eigentums ist für die Legitimation einer Herrschaft von zentraler Bedeutung, „denn die Menschen vergessen schneller den Tod ihres Vaters als den Verlust ihres Erbes."[25] Auf der einen Seite ist der Schutz des privaten Eigentums also wichtig, um die öffentliche Ordnung und die Stabilität der Herrschaft zu bewahren. Auf der anderen Seite hätte ein Fürst natürlich die benötigte Macht, um das Eigentum einzelner Bürger anzutasten. Er würde dies sicherlich auch begründen

---

20 Vgl.: ebd., S. 141.
21 Vgl.: ebd., S. 143.
22 Ebd., S. 143.
23 Vgl.: ebd., S. 143 ff.
24 Vgl.: ebd., S. 131.
25 Ebd., S. 131.

können, warnt Machiavelli, denn „wer einmal damit begonnen hat, von Raub zu leben, findet stets einen [Anlass], fremdes Gut in Besitz zu nehmen [...]"[26]. Es müssen daher Mittel und Wege gefunden werden, im Sinne der Stabilität der Herrschaft die Versuchung, das Eigentum der Bevölkerung anzutasten, möglichst auszuschalten.

Hinrichtungen einzelner Bürger lösten dagegen kein grundsätzliches Problem bezüglich der Stabilität einer Herrschaft aus, solange es einen offensichtlichen Grund und eine Rechtfertigung gebe.[27] Am einfachsten scheint es in diesem Zusammenhang, vorab klare Kriterien für die Anwendung von Hinrichtungen aufzustellen, etwa durch gesetzliche Fixierung entsprechender Tatbestände. In diesem Fall wäre allgemein bekannt, für welche Vergehen als Strafe eine Hinrichtung in Betracht kommt und der Fürst müsste einzelne Hinrichtungen nicht rechtfertigen, sondern könnte darauf verweisen, dass nur eine vorgesehene Rechtsfolge konkretisiert würde. Überhaupt gebe es nur offensichtliche Anlässe für Hinrichtungen, so dass diese kein zentrales Problem einer Herrschaft sein sollten, wenn ein Fürst Maß hält.

Auf den ersten Blick vielleicht etwas überraschend weisen Machiavellis Ansichten zum Schutz des Eigentums und zu Todesstrafen eine klare rechtsstaatliche Perspektive auf. Die Bevölkerung soll hier keinesfalls der Willkür des Fürsten unterliegen, da dieses negative Folgen auf die Legitimität der Herrschaft hätte. Also muss der Fürst seine Machtausübung in diesen Feldern freiwillig einschränken. Am einfachsten nachvollziehbar für die Bevölkerung geschieht dies durch das Erlassen entsprechender Gesetze. Solange ein Fürst diese Maßregeln beherzige, sei seine Herrschaft in dieser Hinsicht sicher, „solange man nämlich die Mehrheit der Menschen nicht um ihren Besitz und ihre Ehre bringt, leben sie zufrieden; man hat nur mit dem Ehrgeiz einiger weniger zu kämpfen, der sich auf vielerlei Weise und mit Leichtigkeit zügeln [lässt]."[28]

Wie Hass seitens der Bevölkerung entsteht
Antasten von Eigentum der Bürger
Hinrichtungen ohne offensichtliche Rechtfertigung und Begründung

Tabelle 15: Wie Hass seitens der Bevölkerung entsteht

---

26 Ebd., S. 131.
27 Vgl.: ebd., S. 131.
28 Ebd., S. 141.

Ehrlichkeit und Treue eines Fürsten

Obwohl es natürlich allgemein erwünscht ist, dass Menschen untereinander aufrichtig sind und diese Eigenschaften ebenso bei einem Fürsten erwünscht sind, führt Machiavelli an, es gebe den Anschein, dass gerade die betrügerischen Fürsten, die ihr gegebenes Wort für den eigenen Vorteil schnell brechen, erfolgreicher seien als die aufrichtigen Fürsten.

Um dies weiter zu erläutern, nimmt Machiavelli an, dass es für politische Auseinandersetzungen zwei verschiedenen Vorgehensweisen gebe: Auf der einen Seite „mit der Waffe der Gesetze"[29], auf der anderen Seite „mit bloßer Gewalt"[30]. Damit ein Fürst sich möglichst viele verschiedene Handlungsalternativen offen halte, sei es notwendig, sich auf beide Vorgehensweisen zu verstehen. Das Vorgehen mit dem Gesetz bezeichnet Machiavelli auch als dem Menschen eigenes Vorgehen, während das Rückgreifen auf Gewalt eigentlich den Tieren eigen sei.[31]

Wenn ein Fürst schon auf seine tierische Natur zurückgreifen müsse, wenn ein Vorgehen mit der Waffe der Gesetze nicht opportun erscheine, so müsse er sich hier als Leitbild Fuchs und Löwe auswählen. Dem Fuchs werden bekanntlich in der Fabelwelt Schläue und Gerissenheit nachgesagt, während der Löwe vor allem für Mut und Kraft steht. Ein Fürst müsse beides in sich vereinen, um dauerhaft Erfolg haben zu können, „denn der Löwe ist wehrlos gegen Schlingen und der Fuchs gegen Wölfe. Man [muss] also ein Fuchs sein, um die Schlingen zu erkennen, und ein Löwe, um die Wölfe zu schrecken."[32]

Zweierlei Kampfweisen bei Machiavelli	
„Fuchs"	„Löwe"
Schlau und gerissen	Mutig und kraftvoll
Erkennt Fallen	Erkennt Fallen nicht
Hat Defizite in einer physischen Auseinandersetzung	Die physische Auseinandersetzung ist seine Stärke

Tabelle 16: Zweierlei Kampfweisen bei Machiavelli

Was kann für einen Fürsten ein Grund sein, sein Wort zu halten oder nicht zu halten? Für eine

---

29 Ebd., S. 135.
30 Ebd., S. 135.
31 Vgl.: ebd., S. 135. Machiavelli führt seine These unterstützend an, dass die antiken griechischen Sagen, in denen herausragende Personen zum Beispiel durch den Zentauren Chiron aufgezogen worden seien, nichts anderes als Metaphern darstellten, dass ein Fürst lernen müsse, je nach Notwendigkeit sowohl von seiner menschlichen als auch von seiner tierischen Natur Gebrauch zu machen.
32 Ebd., S. 137.

Privatperson stellt sich diese Frage ähnlich: Ist der momentane Vorteil durch eine Täuschung der Mitmenschen größer als die zu erwartende gerichtliche Strafe und die soziale Ächtung als Betrüger? Der Unterschied ist, dass ein Fürst zu Machiavellis Zeit (mit Einschränkungen bis heute) kein Gericht zu fürchten hatte, da es über den einzelnen Herrschaften keine legitimen Instanzen gab, die einen Fürsten zur Verantwortung hätten ziehen können. Zudem geht Machiavelli für einen Fürsten davon aus, dass für diesen, wenn er andere Fürsten hintergeht, nicht die Gefahr einer sozialen Ächtung besteht. Zwar wird er unter den Fürsten anderer Herrschaften sicher nicht gut gelitten sein, wenn er als notorischer Opportunist und Betrüger gilt. Bei seiner Bevölkerung hingegen werde er in erster Linie am Erfolg gemessen. „[Lass] nur einen Fürsten siegen und seine Herrschaft behaupten, so werden die Mittel dazu stets für ehrenhaft gehalten und von jedermann gelobt werden"[33]

Machiavelli stellt fest, dass ein Fürst keine Probleme haben dürfte, nach außen hin einen Grund vorzuschieben, dass er einen Vertrag nicht einhalten könne beziehungsweise dass er sein gegebenes Wort zu brechen gezwungen sei.[34] Der Ruf des Fürsten müsse also nicht zwangsläufig unter einem Wortbruch leiden, solange er überzeugend begründen könne, dass er diesen nicht freiwillig begehe.

Darüber hinaus trifft Machiavelli noch zwei weitere, eher grundsätzliche Erwägungen.
Zum einen gebe es für jedes Abkommen einen Grund. So mag es in einer bestimmten außenpolitischen Konstellation für einen Staat A von Vorteil sein, ein Bündnis mit Staat B einzugehen, etwa um sich vor Staat C zu schützen. Fällt dieser Grund nun weg, etwa weil Staat C nicht mehr bedrohlich ist, gibt es auch keinen Anlass mehr zur Fortführung des Bündnisses zwischen den Staaten A und B.
Zum anderen dürfe ein Fürst sein Wort nicht halten, wenn seinem Staat hierdurch ein Nachteil entstehen würde. Das vorherige Beispiel aufgreifend, könnte es sein, dass die Staaten A und B ein Schutzbündnis gegen C geschlossen haben. Nun tritt Staat C an Staat A heran, um ein gleiches Bündnis gegen B zu schließen. Nehmen wir an, dass C mächtiger ist als B, aber ungefähr so mächtig wie A. Es könnte nun lohnenswerter für A sein, sich mit C zu verbünden, da ein solches Bündnis im Zuge einer expansiven Außenpolitik eine höhere Rendite verspricht als ein Bündnis mit B. Entsprechend würde es für A einen relativen Nachteil bedeuten, auf seinem Bündnis mit B zu bestehen und die Offerte des Staates C auszuschlagen. Machiavelli führt an, „ein kluger Herrscher kann und darf [...] sein Wort nicht halten, wenn ihm dies zum Nachteil gereicht [...]".[35]

Hieraus folgt, dass ein Fürst seinem Staate vor allem den Erfolg schuldig ist, da diese das

---

33 Ebd., S. 141.
34 Vgl.: ebd., S. 137.
35 Ebd., S. 137.

wesentliche Kriterium für die Legitimität seiner Herrschaft ist.. Ein gegenteiliges Beharren auf einem gegebenen Wort ohne Not, sogar bei zu befürchtender Folge eines Nachteils für das eigene Gemeinwesen, erscheint aus diesem Blickwinkel als eitel, da der Fürst hier mehr auf seinen Ruf achtet als auf die Auswirkungen seiner Politik auf seine Bürger. In diesem Zusammenhang ist noch ein weiterer Grund für einen Wortbruch denkbar, den Machiavelli so nicht offen nennt, aber bei ihm durchaus angelegt ist, da ihm die innenpolitischen Auswirkungen der Handlungen eines Fürsten bewusst waren: Es ist möglich, dass ein Fürst innenpolitisch dazu gezwungen wird, sein Wort gegenüber einem anderen Staat zu brechen. Der Fürst würde sich hier der öffentlichen Meinung in seinem Land beugen, um innenpolitisch die Reihen zu schließen. Denn letztendlich muss sich ein Fürst gegenüber seinen Untertanen rechtfertigen, und nicht gegenüber den Fürsten anderer Länder. Darum sind außenpolitische Beziehungen hier als zweitrangig hinter der Innenpolitik zu betrachten (natürlich immer unter der Prämisse, ein Mindestmaß an guten Außenbeziehungen zu unterhalten, um die äußere Sicherheit gewährleisten zu können).

Sinnhaftigkeit eines fürstlichen Wortbruchs nach Machiavelli
Bei Wegfallen des ursprünglichen Grundes eines Vertrages
Vermeiden von relativen oder absoluten Nachteilen
Anpassung an geänderte Machtverhältnisse
Bei Druck durch die öffentliche Meinung

Tabelle 17: Sinnhaftigkeit eines fürstlichen Wortbruchs nach Machiavelli

Machiavellis Tugendbegriff

Machiavellis Tugendbegriff lässt sich in eine private und eine politische Komponente unterteilen. Für den Privatmenschen gelten alle überkommenen sozialen Regeln und Normen, die klassischerweise einen guten Mitmenschen und Staatsbürger ausmachen, wie Achtung vor seinen Mitbürgern, Rücksichtnahme gegenüber dem Nächsten etc. Hier gilt das Leitbild des „guten Staatsbürgers", dementsprechend wird das Handeln in erster Linie an der Verträglichkeit mit den geltenden sozialen und moralischen Normen gemessen.

Dem gegenüber formuliert Machiavelli eine politische Komponente seines Tugendbegriffes. Diese Komponente beinhaltet als Zielvorstellung den persönlichen politischen Erfolg und -weitaus wichtiger- die Bewahrung und Ordnung des Gemeinwesens. Hier gilt das Leitbild des „guten Staatsmannes". Das Handeln wird am Erfolg ausgerichtet und ist erst nachrangig moralischen Normen unterworfen. Dies geht soweit, dass Machiavelli den geltenden sozialen und moralischen Normen eine eher vordergründige Bedeutung zubilligt, da sie einen Einfluss auf die Außendarstellung und den Ruf eines Fürsten haben, was bedingt, dass ihre Beachtung keinen politischen Wert für sich darstellt (streng zu unterscheiden von ihrem natürlichen Wert unter Privatpersonen) und es durchaus ausreichend sein kann, wenn ihre Beachtung nach außen hin suggeriert wird (Man denke hier als Beispiel an die Außendarstellung eines Politikers im Wahlkampf, der mit einem sozial gewünschten Bild seiner intakten Familie politische Werbung betreibt.).

Machiavellis Tugendbegriff	
Private Komponente	Politische Komponente
Alle überkommenen sozialen Normen haben Geltung	Prämisse des politischen Erfolgs und der Bewahrung und Ordnung des Gemeinwesens
	Beachtung der überkommenen sozialen Normen abhängig von der konkreten politischen Notwendigkeit
	„Unmoralisches" Handeln zum Teil notwendig, um optimale Ergebnisse für das Gemeinwesen zu erreichen
Leitbild des „guten Staatsbürgers"	Leitbild des „guten Staatsmannes"

Tabelle 18: Machiavellis Tugendbegriff

Wir können hier also fest halten, dass nicht die Moral, sondern die politische Notwendigkeit die

Handlungsoptionen festlegt. Betrachtet man politisches Handeln allein anhand des Erfolgs, kann dies hilfreich sein, da moralische Erwägungen in einer konkreten Situation Handlungsalternativen ausschließen können und damit den politischen Handlungsspielraum verkleinern und damit die Auswahl eines potentiell erfolgreichen Mittels verhindern können. Wie in Tabelle 19 dargestellt, bietet die Auswahl eines politischen Mittels unter moralischen Gesichtspunkten die Gefahr, dass ein Mittel gewählt wird, welches zwar die Moral beachtet, aber den Erfolg nicht sicherstellt. Demgegenüber kann eine Auswahl eines politischen Mittels unter Erfolgserwägungen die moralische Komponente vernachlässigen. Letztlich ist hier eine Abwägung vorzunehmen, ob das öffentliche Interesse an einem möglichst erfolgreichen Umgang mit politischen Herausforderungen höher ist als eine Beachtung der überkommenen moralischen Regeln. Machiavelli für sich entscheidet diesen Konflikt klar zugunsten der Erfolgserwägung. Bildlich gesprochen könnte man sagen, dass er die Politik als Kunst betrachtet, die aus ihren Möglichkeiten das Beste machen muss, ungeachtet von ihre Erfolgsaussichten behindernden moralischen Erwägungen.

Handelt ein Fürst nach dem Rat Machiavellis, so wird er seine Entscheidungen stets am Erfolg ausrichten, was für das Gemeinwesen positiv ist. Gleichzeitig wird er Sorge tragen, dass er in seiner Außendarstellung stets die sozialen und moralischen Regeln beachtet und beispielsweise für jedes objektiv betrachtet unmoralisches aber politisch notwendiges Mittel eine moralische Rechtfertigung liefert, so dass, vorausgesetzt, die Täuschung der Untertanen ist erfolgreich, keine Erosion der öffentlichen Moral zu erwarten ist. Machiavellis politischer Tugendbegriff enthält also gleichsam eine aufgesetzte moralische Komponente, die aber einem Label gleichkommt.

Wahl politischer Mittel							
Unter moralischen Erwägungen				Unter Erfolgserwägungen			
Moralisch & Erfolg versprechend	Moralisch & ohne Erfolgsaussicht	Unmoralisch & Erfolg versprechend	Unmoralisch & ohne Erfolgsaussicht	Moralisch & Erfolg versprechend	Moralisch & ohne Erfolgsaussicht	Unmoralisch & Erfolg versprechend	Unmoralisch & ohne Erfolgsaussicht
Mögliches Mittel	Mögliches Mittel	Nicht möglich	Nicht möglich	Mögliches Mittel	Nicht möglich	Mögliches Mittel	Nicht möglich
50 % Chance von negativen Folgen für das Gemeinwesen bei 100 % Chance auf Beachtung der Moral				100 % Chance von positiven Folgen für das Gemeinwesen bei 50 % Chance auf Beachtung der Moral			

Tabelle 19: Wahl politischer Mittel

Literaturverzeichnis

1. Francesco Adorno: Il „bene comune" di contro al „bene privato" in Machiavelli; in: Francesco Adorno : Cultura e scrittura di Machiavelli, Rom 1998.

2. Raymond Aron: Machiavel et les tyrannies modernes, Paris 1995.

3. August Buck: Machiavelli (Erträge der Forschung, Bd.226), Darmstadt 1985.

4. Frank Deppe: Machiavelli: zur Kritik der reinen Politik, Köln 1987.

5. Hans Freyer: Machiavelli, 2. Auflage, Weinheim 1986.

6. Konrad Fuchs/Heribert Raab: Wörterbuch Geschichte, 12. Aufl. München 2001.

7. Grosses Universal Lexikon, Berlin 1975.

8. Horst Günther (Hg): Machiavelli. Discorsi. Staat und Politik, Frankfurt am Main/Leipzig 2000.

9. Jin-Woo Lee: Macht und Vernunft im politischen Denken Machiavellis (Europäische Hochschulschriften Bd.20), Frankfurt am Main 1987.

10. Herfried Münkler: Machiavelli, die Begründung des politischen Denkens der Neuzeit aus der Krise der Republik Florenz, Frankfurt am Main 1984.

11. Philipp Rippel (Hg.): Niccolò Machiavelli. Il Principe. Der Fürst, Stuttgart 2003.